AF192636

Primera edición enero de 2026

© María Barceló Chico
© de esta edición, Editorial Páramo
www.editorialparamo.com
editorialparamo@gmail.com / 646346731
Coordinación: Javier Campelo Bermejo
Fotografías de cubierta y solapa: Pedro Gandía

ISBN: 979-13-991217-3-5
Núm. DL: VA 1-2026
Impreso en España – Printed in Spain
Impreso en Estugraf

ACASO EL GRITO

María Barceló Chico

II Premio de Poesía David González, 2025

editorial
PÁRAMO
*
lírica

ACASO EL GRITO

María Barceló Chico

ACASO EL GRITO

*Presa
la escritura. Libre
solo
para el destello.*

CHANTAL MAILLARD

*Que cada palabra lleve lo que dice.
Que sea como el temblor que la sostiene.
Que se mantenga como un latido.*

RAFAEL CADENAS

Intentas definir lo que no eres,
el lugar
donde nunca estuviste;
nombrar aquello que te ignora,
quedarte a solas
       con las palabras.

Y acuden estos versos
a desconcertar el aire,
a clavar el pico
suicida del lenguaje.

Apenas
un jadeo te asiste.

I

SIN AIRE

*Lo que vive en mí
es la voz oculta que me nombra.*

J. M. Muñoz Quirós

Sostienes un lenguaje
que está roto.

Las palabras que exigen ser
escritas
estallan en metálico
silencio.

No preguntes.
Ya no hay nadie.

Y todo está por decir.

Escribe viento
este impulso erizado
sobre la hoja intemperie.

A ráfagas, acuchilla
la placidez de la tarde,
el rostro amarillo de los sauces
en fuga
hacia los márgenes.
Te violenta la mirada.

Tiñe de gris humo
la blanca flor de papel.

Corre entre los márgenes, irrumpe
en cada trazo; no hay sílaba que
quiebre sin violencia. Rasga
cada verso.

Infinitas son las líneas
que recorre.

Sabe de las puertas abiertas
y regresa
a su punto de partida.

Se abrasa
en el centro mismo
de tu boca.

En el silencio que te ignora,
arde la herida.
Aquí rinde su dolor.

Y vuelves al primer verso
como quien aprende a hablar;
por si fuera posible,
escarpada,
la voz.

Acaso el grito.

Un sigilo de palabras
se desliza
por el hueco inerte del poema.

Como cuchillo,
hiere la hondura
con precisión caligráfica.

Certero
vibra el metal.

Y el dolor,
desguarecido.

Un voraz amarillo
inunda el folio.

Impulsiva y descarnada,
una luz ciega
te exhibe.

No te niegues.

Al esquivo balbuceo,
no cedas.

Sucumbe al vértigo.

II

DAÑO

*No sabe del dolor la piedra
que golpea.*

ADA SALAS

Escribes
el amor clavándose en la espalda.
Rotos los labios,
cualquier gesto es una despedida.

Y no son las huellas de tus dedos
en la piel desnuda y frágil
del poema;

es el trazo de la sombra,
la hendidura sutil
del acero.

A los signos entregas
el tacto de la piedra
y su dureza,

la elipsis del grito,

el inquietante murmullo
que estalla adentro,
su sorda convulsión.

La cicatriz abierta.

Lanza palabras como piedras
y no hiere.

Ignora su propia trampa
y golpea.

En la aspereza de la roca,
el deseo imprime la rozadura.

Una y otra vez,
golpea.

No duele su dolor.

Te responde con un frío de bala
entre los dientes.

Quiebra el acero
tu impulso de ser,
sentir,
sentirte inevitable;
de querer serlo todo.

Así te mata.
Así no has elegido morir.

No desiste el amor
ni cede a la quietud
la piedra.

Obstinados y ciegos,
en su impulso abren
herida

y duele el dolor
aquí,
ahora.

No clausures los párpados,
no mutiles el verbo.
Respira su desgarro.

En cada palabra
se escucha el golpe.

Erguido en su fuerza
insiste,
persiste.

Duele el miedo.

En silencio,
tendremos que aprender
a nombrarnos.

Aquel encuentro,
estos zapatos inútiles
y ninguna palabra disponible.

¿Dónde depositar el reproche?
¿Con qué puño abatir el dolor
furioso y resentido?

Rompiendo herida
sucumbe el alfabeto.

Callado el gesto,
en lo oscuro teje y entreteje
sus certezas.

Sílaba a sílaba
anuda las sombras,
urde su impostura.

Ningún silencio
significa *nada*.

Sí,
intentas evitarlo
pero no.

Aún la dentellada
ardiente.

La cicatriz mutila el folio.

Y vuelve con su empeño
de grito que no cesa.

Golpea la mansedumbre
del silencio,
la densa ingravidez
del aire.

Ignora lo que no puede
nombrarse; lo que no abriga nombre,
lo que sólo es
respiración.

Descálzate, dolor,
y pisa el frío.

Malherido
muestra el amor su rostro.

Desde la certeza,
puesto en pie,
empuñando el coraje,
en cada golpe
ama.

Noche adentro,
desesperadamente.

Ávidos de luz,
ciegos los ojos,
hundes tus manos en el daño.

Rescatas de la hondura
lo perdido.

El dolor te pertenece.

A deshora
va calando el invierno
y no oculta
su esquirla y su punzada.

Afuera
y adentro,
mucho más adentro,
pesa el frío.

Te cubre la desnudez.
Llueve.

III

A SOLAS

Has vuelto la mirada
y no te has reconocido.

El mismo gesto,
la misma quietud que hiere,
y ese caminar tan tuyo
a ninguna parte.

Conversando contigo
en pasado imperfecto.

A solas con tu nombre.

Ésa que oculta el rostro
con un pretexto grosero
y transparente,
la que arroja una oquedad al aire.

Ésa.

La irascible,
la que obstinada sacude
la desazón del deseo.

Ésa te delata.

Atrapado en su locura,
entre tu ropa vive
como una alimaña.

Arañando el tiempo
ha curtido el dolor
y se arisca en tu rostro.

Arrastra el pánico
de ser nadie.

A ser nada.

Ha vuelto el dolor
a clavarse en los dedos,
dialoga con el filo que
no se detiene.

Exige un lugar
donde saberse lejos,
un olvido disponible.

Obstinado,
te sostiene la mirada.
Insiste.

Ningún verbo
acoge su temblor.

I

A cada paso,
en cada gesto lo buscas
y lo atrapas
        y lo pierdes.

Vuelve el vacío que tanto detestas;
un impenetrable hueco
que grita.

No.
No hay voz
para apaciguar la ira.

II

Con la furia del hierro,
clavas una estaca
en el corazón del papel.

Honda.
Precisa.
Incontestable.

III

Desde dónde el impulso,
para qué
esta espesura de adjetivos
urdiendo renglones,
sosteniendo la herida

si no eres más que aire,
un aire sustantivo
de pies desnudos.

Al pairo.

En su vaivén,
te arroja el pensamiento
a lo que cree que te importa;
hacia esa muerte,
a este dolor
que nunca, no,
—lo sabes—
a nadie importa.

Con qué insolencia
te increpan hoy las palabras.

Detestas su verdad,
su insensata pregunta.

Irrumpen,
abren sus manos.

Con sus bocas de muertos,
reclaman cada sílaba
como si fuera la última.

Exigen.
Ajustan cuentas.

Preciso amordazar la voz.

¿Qué reprocha
este zumbido molesto
en su revuelo circular
hacia nada?

Por sus piruetas de aire,
la niña-miedo corre,
entra y sale de los vocablos,
te fastidia el poema.

¿Qué la ensordece?

Empuñas lápiz y papel,
y te rehúyen las palabras.

Vibran en el aire
silencios altivos, acordes
mutilados; y la música
no logras.

Desde siempre,
igual que entonces,
sólo esbozan la herida.

Aún no
suscriben la sed,
ni anudan este temblor.

eres carencia y búsqueda.
OCTAVIO PAZ

En la carencia adviertes
la fractura
del verso seco y descarnado.

No eres lo que escribes.
Ni siquiera te alcanza
lo que nombras.

Tal vez lo inédito,
lo ambiguo,
lo inexplicable.

Lo que miran los ojos cerrados.

Te inclinas
y cortas con tus manos
aquella flor de infancia.

La prendes en tu pelo
negro, de un negrísimo furioso,
y sonríes expectante
al frívolo color del azogue.

Se aferra el tiempo a su certeza.
Nada, excepto la palabra,
sucede.

Inevitable
esta urgencia.

Y el impulso de la herida
sujetando el sudor
de cada sílaba;

y el golpe sordo
batiéndose adentro
con violencia.

Esta súplica,
este discontinuo trazo
de líneas tendidas,

este caer de bruces
sobre la página.

Caes
y no importa.

Caer también es
abandonarse,
desprenderse,
irse.

Y te vas.

Así de extensa,
con su anchura, respira la palabra.

IV

DESPRENDIMIENTO

Se cierra un hueco
en el preciso lugar de alguien,
y un espacio de desamor
comienza a reescribirse
sin palabras

desde la extraña certeza
de no se sabe qué.

No todavía.

Apenas un gesto.
Tan sólo unas líneas
para conjurar,
para excavar un hondo vacío

y desprender el escozor
de esta locura.

Librar al amor del daño.

Persiguiendo la urgencia,
afilando músculo,
huye el rencor

sin rostro,
a plena luz,
sosteniendo la noche.

Abandona el tajo
aristado de la herida.

Y su fragilidad,
latiendo adentro.

Desde la quietud,
en su brecha desbocada,
la transparente flor
del vacío
abriéndose a tus pies
como una ofrenda.

Vuelto hacia la luz,
vibra el mundo ante tus ojos.

Quieres
y no logras nombrar la alegría,
tanta belleza.

Lo escuchas respirar
en ti

y respiras
el no vuelo
del pájaro en la mañana.

Acechan los ojos
el brillo de lo oscuro.

En cada ángulo
tantean con urgencia
la frágil materia de la noche.

Desmenuzan la luz.

I

La identidad no.
Para nombrar la herida,
la posibilidad, su ser
informe,
su variación continua.

Lo desfigurado,
lo transgredido,
lo que se interroga
y se vacía.

Lo que la lengua muerde.

II

Lo que no se deja decir
es más que mirada,
excede tu propio rostro,
se arriesga en otros pasos.

Lo que no se despliega
no es vacío, no es sutura, desborda
lo ya trazado: la fragmentación.

Está adentro y es ausente.

Regresan como un niño
a las faldas de su madre.

Prometen no mentir,
nunca desesperar;
no alejarse de sí mismas,
sencillamente
ser.

¿Y el miedo?

¿Qué pueden temer
del miedo las palabras?

En lo oculto amenaza y deja
su recelo escrito.
Lo reescribes.

Lentamente deletreas su rostro,
y atrapas el temblor
de su mirada en tu cuerpo.

Permaneces en la asfixia
de su ángulo más oscuro.

Delatas
el voraz sinsentido
del miedo.

Taja
el tajador
la cálida madera.

Perfila el dardo,
y apunta.

Roza hueso
y sangra.

Ahí quema la luz.

V

SIN EXIGENCIAS

Intensa en el impulso,
audaz en el vuelo,
transitas por el día
persiguiendo a Ícaro.

En reto desafiante
hacia el asombro de esa luz
que te niega,
cegada por el fuego
de una altura
            imposible.

En un continuo parpadeo
vienen
y se van las horas,
y en su mirar, miran
a ciegas.

Extiende tus manos
que nada ven
y palpa la luz que te ofrecen
de ceguera a ceguera.

Llévate a la boca
el pan de su alimento.

Amorosas se ofrecen las palabras,
y decides que la alegría
asalte la escritura.

Irrumpen nombres y pronombres,
verbos que enloquecen,
y ardes entre líneas, verdirroja,
explosiva.

Estrenas un lenguaje
sin tachaduras.

I

Del deseo,
aquella larga mirada
y el verde transparente atrapado
en el oscuro rojo encendido.

Esa sonrisa tuya
impetuosa y abierta,
su callado temblor.

Y la tarde descosiéndose
tímidamente,
puntada a puntada.

II

Le has abierto la sonrisa
a tanta tristeza.

Coqueteas con frescura,
seduces,
descarada miras.

Te desnuda el verbo amar,
y amas.

Le arrancas al dolor
su rotunda belleza.

Aquí,
donde el silencio clava
su espuela,

donde los ojos,
donde las manos.

Aquí,
sobre el animal rendido.

Escribe aquí la alegría.

Acoger lo leve,
lo sutil,
lo inaceptable;

ser los otros,
la otra,
la oscura transparencia
que somos

para reconocerse,
para nombrarse
desde la simple desnudez.

Inédita,
entras en la página.

Solo para estar,
para sentirte aquí,
bien adentro del paisaje de ser tú.
A solas contigo.

Sin exigencias,
sobre el filo de la herida,
de par en par la palabra:

tu única certeza.

ÍNDICE

ACASO EL GRITO, de María Barceló Chico, fue la obra ganadora de la Segunda edición del *Premio de Poesía David González*, elegida por un jurado compuesto por los poetas Rodrigo Garrido Paniagua, y Rut Sanz Montaña, y los editores Javier Campelo Bermejo y Virginia Hernández.

Se publicó en enero de 2026 y fue presentada en Valencia en febrero de ese mismo año.